굴렁쇠

굴렁쇠

2025년 6월 27일 초판 1쇄 인쇄 발행

지 은 이 ㅣ 현명조
펴 낸 이 ㅣ 박종래
펴 낸 곳 ㅣ 도서출판 명성서림

등록번호 ㅣ 301-2014-013
주　　소 ㅣ 04625 서울시 중구 필동로 6 (2, 3층)
대표전화 ㅣ 02)2277-2800
팩　　스 ㅣ 02)2277-8945
이 메 일 ㅣ msprint8944@naver.com

값 15,000원
ISBN 979-11-94200-44-4

※ 잘못된 책은 교환해 드립니다.
※ 이 책 내용의 일부 또는 전부를 재사용하려면 반드시 저작권자의 동의를 얻어야 합니다.

굴렁쇠

도서출판 **명성서림**

1. 황혼

11 / 보통 삶과 특별한 삶
12 / 가장 아름다운 말과 글
13 / 따로 또 같이 (1)
14 / 푸른 뱀의 해 소고小考
15 / 인생 종착역
16 / 잔설의 눈물
17 / 기다림
18 / 사랑의 두 얼굴
20 / 꽃반딧불이
21 / 문을 닫는 마음
22 / 그때 그 시절
24 / 영원한 동행
26 / 시인의 가슴이 되어
28 / 까치발
29 / 이열치열以熱治熱
30 / 커피 한 잔
32 / 숨 멈추는 순간이 오면
33 / 따로 또 같이 (2)
34 / 울 엄니 손맛
36 / 울 아베 기일엔

38 / 울 아버지의 한 생
40 / 삶을 파괴하는 악마
42 / 붉은 낙조의 눈물
43 / 숨 멈추고 싶은 노친
44 / 벌과 나비
45 / 이른 새벽 산행길
46 / 음문陰門
48 / 괜히 그냥
49 / 아가 눈꽃
50 / 내외內外
51 / 숫눈
52 / 인간관계人間關係
53 / 화전花煎놀이
54 / 굴렁쇠는 돈다
56 / 누런 배 한 덩이

2. 저녁놀

61 / 진짜 애국자

62 / 종말終末의 삶

63 / 소낙눈 쌓이던 날

64 / 우리 같이 함께 달리자

65 / 천성 가는 길

66 / 내 마음

67 / 모두가 내 탓

68 / 마지막 슬픈 몸짓

69 / 걸을 수 있을 때 만나요

70 / 엇간 사랑

71 / 엄마 호박죽

72 / 눈물이 난다

73 / 철 좀 들어

74 / 가을 사랑

76 / 내 사랑 '삐약이'

78 / 황혼의 길목

79 / 행님 생각

80 / 이열치열以熱治熱 (2)

81 / 뜨거운 고드름

3. 굴렁쇠

85 / 춤바람
86 / 보정補正의 요술妖術
88 / 바람개비
89 / 상상임신想像姙娠
90 / 꽃상여
92 / 순간의 쾌락 평생 후회
93 / 황혼 나그네
94 / 꽃 미소
95 / 삼승 오판
96 / 베짱이의 눈물
97 / 망백望百
98 / 부부夫婦
100 / 와불臥佛
102 / 한恨 풀이
103 / 환영幻影
104 / 반정反正
106 / 꽃 잔치
107 / 추암산
108 / 봄의 정령精靈
109 / 벚꽃축제

110 / 맨 처음 생각나는 사람
111 / 나는 노포老鋪
112 / 하얀 파도
113 / 황혼黃昏
114 / 석양낙조夕陽落照
116 / 산다는 것이
118 / 바람에 나는 티끌

4. 낙조

123 / 겪어봐야 안다
124 / 거울 속 낯선 얼굴
125 / 천사들의 노래
126 / 그때가 호시절
127 / 물의 지심地心
128 / 램프의 빛
129 / 외로움의 상쇄
130 / 내게 주는 교시敎示
131 / 하루살이의 헛꿈
132 / 몽당 빗자루
134 / 끝까지 살아남아
135 / 인생무상人生無常
136 / 진정한 자유인
137 / 기억記憶의 망각忘却
138 / 인생 역정
139 / 쌍쌍雙雙
140 / 검은 연미복을 입은 신사
142 / 아무도 아무 말도 믿지 마
144 / 영원한 웬수 진희振姬야
145 / 흑백 사진의 미소

146 / 잊어야 할 기억들
147 / 여자가 되는 고통
148 / 99세의 청춘
150 / 서럽게 고운 사연
152 / 봄소식
153 / 옛 고향 내 집
154 / 내 본향 승천
155 / 변신變身
156 / 어스름 달밤
158 / 늙은이의 독백
159 / 분해分解
160 / 탁배기 찬가
162 / 정주情酒
163 / 굴렁쇠
165 / 내 본향本鄕 승천

1. 황혼

보통 삶과 특별한 삶

인격이란 틀 속에서
감추고 살아온 본능
위선의 탈 벗어버리고 원초적 본능대로 사는 자연스런 삶

가식과 포장 훨훨 벗어던지고
본래 그대로의 그 민낯으로
자연의 모습 그 심리대로 화장 지우고 사랑하는 소박한 삶

배가 고프면 또 먹고
피곤하고 졸리면 자
열심히 일하고 큰 욕심 없이 건강하고 즐거운 보통의 삶이 행복

남들처럼 사는 보통의 삶
톡 튀어나고 싶은 특별 삶
과시하고 싶고 우쭐해서 자랑하고 싶고 보여주고 싶은 허세는 파멸

있어도 없는 듯이
없어도 있는 듯이
바람에 구름 가듯 시냇물 흐르듯 바람 지나가듯 청산에 살다 가자

가장 아름다운 말과 글

남녀노소 누구나가 다
많이 쓰는 쉬운 말과
정의와 양심을 배우는 생활용어가 최고의 아름다운 말이고

남녀노소 누구나가 다 알고
좋아하고 쉽게 쓸 수 있는 글
희비애락을 쉽게 표현할 수 있는 글이 아름다운 최고의 글

선과 악을 판단하고 노래하며
진실과 거짓을 알고 실천하고
사람답게 사고하고 실행하는 보통 사람들의 말과 글이 최고다

주어진 자기 자리에서
열심히 일하고 즐겁게
탐심 버리고 자비와 사랑하는 마음으로 나누고 베푸는 사람

가장 쉬운 생활용어로 말하고
누구나 다 쉽게 이해되는 글
먹물이나 촌노나 어린아이나 여자 남자가 다 사랑하는 말과 글

따로 또 같이 (1)

자신이 가진 자기 것이면서도
제 마음대로 안 되는 게 마음
알면서도 절제를 못 하는 것이 탐심이란 괴물

현재에 만족해가면서
큰 욕심부리지 말고
만족하고 맘 편하게
건강하고 즐거우면 그것이 낙원이고 그것이 행복

이념과 생각 처지가 다르다고
적대시하고 무조건 반대하는
그 사고방식이 불행을 부르는 사회의 악이고 적이다

용서하고 이해하고
겸손하고 절제하며
인정 진 사랑으로
따로 또 같이 함께하면 그게 사랑이고 기쁨 행복이다

푸른 뱀의 해 소고 小考

티끌 모아 태산이라
안 할 이유가 없다면
고민하지 말고 차라리 눈 딱 감고서 해버리는 게 훨 나은 게다

이해되지 않는 뒤죽박죽 삶
한 치 앞도 보이지 않는 파탄 난 정국
패당 싸움에 팍팍한 삶 안타까운 참사까지 죽어라 죽어라 한다

잘난 놈 못난 사람 모두다
말조심 몸조심해 가면서
살얼음판 걷듯 송구영신 중이지만 '죽지 못해 살고' 울지도 못해

을사년스럽단 역사적 사실들이
을씨년스럽다는 말로 변형되고
쓸쓸하고 스산한 분위기나 매우 가난하단 뜻으로 쓰이는 이 현실

2025년 금 년의 을사년은 제곱수 년도 저주받은 해
카톨릭 교회에서 25년마다 오는 '죄 사함의 해' 즉 '회년'이기도…

인생 종착역

오늘이 생의 마지막인 듯
희락을 나누는 비애悲哀는
사랑하는 사람들이 모여 사는 작은 은하수 동네 사람들

굴곡진 산등성이에는
걸린 붉은 저녁노을
쪼그려 앉아서 아름다운 멍을 때리니 바람이 웃고 간다

곱게 단장한 봄 처녀
예쁜 꽃 나래 열치고
너른 초원 한가득 찬란한 꽃을 보는 이 없어도 피운다

한 아름 예쁜 꽃을 안고서
나의 창가 내 마음으로 와
환한 얼굴로 내 임 같은 미소 지어 가며 사랑을 하잔다

어느 때야 다 다르랴
내가 갈 인생 종착역
머나먼 인생길이 하도 멀어서 숨 좀 돌리고 쉬었다 가련다

잔설의 눈물

잔설 밭 매화나무
꺾이고 부러지고
습 설에 초토화된 즐겁고 평화롭던 세상

꽉 막힌 도로
수십 충돌로
삽시간에 생지옥이 된 생과 사의 갈림길

눈 무게 못 견뎌
지붕이 폭삭하고
깔려 죽은 동물들 널브러진 사체들 가엾다

매화꽃이 곱게 피는
봄이 오는 길목에서
그윽한 매향 만끽 전 고드름 칼 맞아 비명횡사

내일을 만나려는 열망에
미련에 흔들리는 마음은
얼마 남지 않았단 초조함에 조바심 신고 봄은…

기다림

성미 급한 사람 숨넘어가
왜 이리 날 힘들게 하나
느린 컴퓨터를 졸라 매가며 성화를 부린다

컴퓨터에서 나는
사람의 냄새는
낡고 느려터진 어린 시절 모를 냄새 같다

술술술 잘도 넘어가는
처음에는 힘이 들고
그다음엔 길난 것처럼 술술술 잘도 넘어간다

사랑의 두 얼굴

사랑은 눈물의 씨앗이라고
달고 쓰고 맵고 짜고 독해
말보다는 체험을 해보면 금방 실감이 나는 게 사랑이란 괴물

살신성인하는 우렁이 모정
무서운 독점과 집착력에서
사랑을 나눈 후에는 수컷을 잡아먹는 암 사마귀의 극한 사랑

사람을 천사로 만들고
악마로도 만들어내는
'사랑'은 너무나도 훌륭한 스승이요 무섭고 두려운 조련사다

사랑이란 천사 마음일 땐
악을 선으로 이끌고 가고
세상을 구하는 수호천사가 되는 명의와 명약이 되는 존재다

사랑이 엇나가면
천사도 악마로
사람을 지독한 악귀로 만들어 나라와 세상 사람을 멸하는 독약

선과 악을 조종하는
술 여자 마약같이
사랑이란 시퍼렇게 날 선 양날의 위험한 망나니 춤추는 칼 된다

꽃반딧불이

반짝반짝 밤하늘에 별들도
번쩍번쩍 꽃반딧불이 반짝
멋진 그린 그리며 불꽃 쏘를 한다

멍석 위에 편케 누워서
옥수수 하모니카 불며
밤하늘에 별과 꽃반딧불이를 센다

푸른 하늘 구름에 가리고
별도 꽃반딧불이도 없네
꼭꼭 숨은 캄캄한 밤의 적막한 정적

남쪽 간 제비는 소식도 없고
학 따라간 황새 간 곳 몰라
세상일 다 마친 노친들 막차 여행길

생각하면 할수록 더 보고 싶고
외로우니 더더욱 그리운 것은
이승서 못 맺은 사랑 저승서 맺으라고...

문을 닫는 마음

더워 나는 못살아
'더워 죽겠다'더니
그게 엊그젠데 까맣게 잊고 지워졌다

조석으론 서늘한 바람
앙가슴 바람 파고드니
간사한 게 인간 마음의 창문을 닫는다

나이 들어 홀로 살며
오란 곳 갈 곳 없어
고립되어 외로워도 아닌 척 시침 떼고

물 마시고 이 쑤시듯
말쑥한 차림 미소 짓는
마음속 외롭고 그리워 슬픔을 씹는다

찢기고 멍든 가슴
애써 포장해 가며
민낯 숨기고 즐겁고 행복한 척 신물이 난다

그때 그 시절

아득한 국민학교 빡빡머리 그 시절에
온종일 쭈그리고 앉아 만든 새 탑새기
뿌옇게 눈 흩날리는 밭골에 놓고 새 잡히길 기다렸고

뒷동산에 올라 소나무 베어다가
깎아서 꽁꽁 언 논에서 팽이치고
시간 가는 줄도 모르고 같이 놀던 동무들 지금 어디

송판 대기 잘라 앉은뱅이 썰매 만들어
가는 소나무에 못 박아 만든 송곳으로
시끌벅적 웃어가며 얼음 지치던 동무들 다 천성 산다

햇살이 웃음 지을 때면
얼음이 녹아 눈물짓고
양말이 물에 빠져 불 피워 말리다가 태워 혼도 나고

눈이 내려 쌓이면
끼리끼리 모여서
눈을 굴려 뭉쳐 만든 눈사람 눈물 흘리며 녹을 때 밉고

되돌아갈 수 없는 그때 그 시절
그리우면 그리움을 먹고 놀고
추억은 추억으로 가슴에 꽁꽁 담은 채로 저승길 떠난다

영원한 동행

약점은 도와주고
부족은 채워주며
허물은 덮어주고
비밀은 지켜주며
실수는 감춰주고
장점은 말해주고
능력은 인정해주는 당신은 영원한 동행자

따뜻한 공기는
정신을 둔하게 만들고
차가운 공기는
정신을 날카롭게 해주는 넌 신선한 공기
사람은 앞으로도
뒤로도
영업을 가도
다른 것은 하나도 없다

내가 쉬고 있어도
세상은 어제랑 같고
시간은 쉬임 없이 흐르고 있다 영원토록
언제 인생의 방학이 필요한지
그 순간의 포착 센스와 과감한 정신력이
기분 좋게 미래로 흘러갈 힘을 비축해 주듯이
사람들이 곁에 두고 싶어 하고
그냥 좋아하는 사람이 되는 것
자기 할 나름 '자업자득'이란 것을 명심하고 살라

사랑하고
미워하고
지지고 볶고
아웅다웅해가면서 가는 영원한 동행자

시인의 가슴이 되어

시인의 눈빛이 되고
시인의 가슴이 되어
추한 얼룩진 세상 아름답게 수를 놓는다

코스모스 간드러진 눈웃음에
빨간 고추잠자리 넋을 잃고
오색 단풍 물결치는 산을 그린다

가을엔 떠나지 마
하얀 숫눈 쌓이면
발자국 도장이라도 찍으며 떠나가세요

북에서부터 남으로
단풍이 물들어 오면
산은 한 폭의 아름다운 풍경화가 된다

서로서로 사랑하고
함께 또 같이 가는
아름다운 세상을 우리 같이 만들어가요

시인의 눈빛이 되고
시인의 가슴이 되어
즐겁고 행복한 세상 우리 함께 만들어가요

시인은 시인은 노래 부른다.
사람을 위해 목숨을 버린
가슴 아픈 윤심덕의 '사의 찬미'를...

까치발

잠들어 있는 시간은
죽어 있는 시간이고
깨어 있는 시간은 살아있는 숨 쉬는 시간이다

까치발을 서면
잠깐 더 높이
더 멀리 볼 수 있지만
오래오래 서 있을 수는 없다

아마도
증오 분노 결핍 같은
감정이 까치발이었나 보다

사람들 모두 다
누군가에 대한
결핍과 질투가
삶의 원동력이 된 것 같은 마음이다

잠들어 있는 시간은
죽어 있는 어둠 시간
청산에 누워 있는 영원한 안식처가 된 것 같다

이열치열 以熱治熱

여름에는 삼계탕
겨울에는 내앵면
이열치열로 세월과 정과 사람을 낚는다

겨울에는 화채
여름에는 식혜
사람 마음 모르니 떠볼 수밖에는 없네

겨울에는 농주
여름에는 양주
농주에 취하나 양주에 취하나 매한가지

악인에겐 천사처럼
일할 때는 인내로
이이제이로 재미 본 연놈들 또 투자다

여름에는 모피 입고
겨울에는 삼베 적삼
추위는 추위로 더위는 더위로 이겨낸다

커피 한 잔

커피 한 잔에는
미소 한 모금
친절 한 모금
감사 한 모금 들어 있다

커피에는
우애의 잔
평화의 잔
축복의 잔 이란 의미도 있고

커피를 권하는 한마디 말
"커피 한잔하실래요"는
호감의 표시가 되기도 하고
잠시 쉬어가잔 뜻도 숨어있다

지친 사람에게
위로를 건네는
마음의 선물이기도 하다
따뜻한 커피 향은 진한 사랑이다

커피 한 잔에는
정이 오가는
마음을 주고받는
아름다운 매개체가 되기도 한다

숨 멈추는 순간이 오면

우리 한평생 삶에서
죽음을 피할 수 없는
아름다운 육체의 불타는 욕정

꼭두각시 인형들은
조종자 실 당기면
살아있는 사람처럼 춤을 춘다

운명이 날 가둔
어두운 그곳에서
꿈과 희망을 빼앗기고 헤맨다

바쁜 운동 멈춘 심장
삶의 생이 끝나면은
먼지처럼 허망하고 무상한 것

탐욕의 노예에게는
고통도 사치 일터
차라리 속히 지구를 떠나거라

따로 또 같이 (2)

머리는 머리대로 차갑게
가슴은 가슴대로 뜨겁게
정답고 사이좋게 따로 또 같이 사랑해가며 산다

바람은 구름을 밀어내고
구름은 화풀이라도 하듯
흩어지고 다시 모여 지었다가 부수는 궁궐 나라

꿈속에서나 그렸던
상상의 나라 궁궐엔
바람 따라 구름 따라 물처럼 살아가는 공주가 사네

세상 근심 걱정들은
바람에 날려버리고
하루하루 아름다운 마음으로 자비와 사랑으로 산다

울 엄니 손맛

생각만 해도 침이 꿀꺽
울 엄니 천하제일 손맛
날 궂은 날이면 빈대떡에 패전 찐 고구마에 동치미에 곡차 한잔

울 엄니 하늘나라 가신 후엔
생각 속에서만 살던 음식들
나 살이 다하는 날까진 다신 못 먹어볼 음식들 엄니 손맛

꽃 피는 새봄이면 입맛 도구는
달래 간장에 쑥 향 나는 쑥국
봄동 것이에 김 모락모락 갓 지은 밥 울 엄니 정성 사랑

여름이면 꽁보리밥에 시래기국
시큼한 열무김치 고추장 된장에
텃밭에서 막 따온 싱싱한 풋고추 쿡 찍어 먹던 알싸한 맛

가을에는 애 열무 슦아다 끓인 토장국
배추김치 무 깍두기 김장 담그는 날
삶은 돼지고기에다 쌈 싸 너 한입 나 한입 정이 넘쳤던 기억

추수 마치고 가을 떡 돌리던 재미
출출한 밤이면 양푼에 밥 비벼서
팔 남매 모여앉아 숟가락 빠르기 시합하던 그 추억도 옛날

몽둥이 바람 불고 흰 눈이 내리면
화롯불에 고구마 묻고 밤 굽던 밤
숨겨두셨던 흰떡 가래 구워 주시고
조청에 찍어 먹는 모습 흐뭇해서 바라보시던 울 엄니 엄니

낮이고 밤이고 생각이 나요
생각하면 눈물이 '사랑해요' 엄니!
멀지 않아 세상일 다 마치면 엄니 뵈러 번개같이 달려갈 겁니다

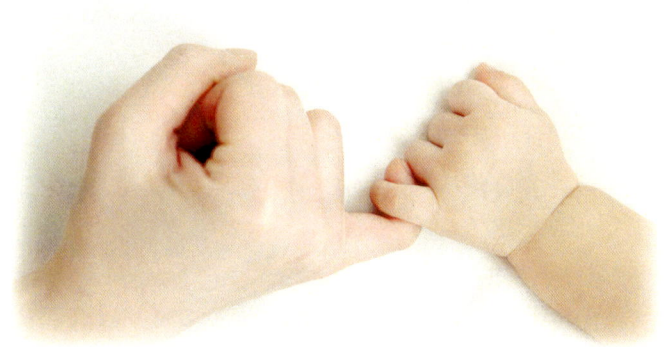

울 아베 기일엔

울 아베 떠나실 때
한평생을 함께한
그림자도 인자하신 울 아베 따라서 갔습니다

너른 벌판에 새겨진
바람 곁에 스며있는
아버지 발자국 흔적 가는 곳마다 따라오고

떠난 줄 알았던
아베 그림자는
제 가슴속에 진하게 남아 웃고 있었습니다

속세에 간 내 맘
잊을 수 있는 곳
고뇌 번민 다 내려놓고 편히 쉬었다 가라 하네

해마다 돌아오는
울 아베 기일 날
아버님 모시고 계신 울 아베 유택을 찾는 마음

살아생전 불효자식 노릇만
팔순 지나니 불효가 죄송해
가파른 산길 돌고 돌아서 찾아봐야 맘 편해 삽니다

울 아버지의 한 생

장 닭이 '홰'치는 소리 이어
재산 1호 누렁이 워낭소리
울 아베 빈속으로 새벽 일 나가시는 바로 그 시각

고생 고생 못 먹고 못 입고
팔 남매 먹이고 입히느라고
어깨 내리누르는 짐 무거워 생목숨 버리신 울 아베

어렸을 땐 이해 안 되더니
팔순 지나니 알 것도 같고
이젠 아베 뵈러 갈 날 멀잖으니 뵙고서 여쭤볼래요

뼈가 저미도록 일했어도
가을 바심해보면 고지로
천수답 몇 마지 거에 손바닥만 한 돼기밭 소출은 빈손

울 아베 한평생 짧으신 삶은
누렁이 워낭소리에 지고 깨고
산촌의 막내아들로 태어나 '미남' 소리 들으셨단 말씀

그래도 신작로가 있는
시골 촌 동네 살림나
자식 하나라도 더 가르쳐보려고 고생 벗해가며 살다 가셨다

천상에선 '편히 계세요'
머잖아 찾아뵙고
생전에 못한 '효 잘하고 웃음꽃 피도록 편히 잘 모시렵니다

삶을 파괴하는 악마

나도 모르게 스며들어
나와 가족 타인 삶들
허락도 없이 파괴하고 황폐하게 만드는 괴질

옛날에는 치매를
'광기' '노망'이라
의지가 약한 자의 질병이라고 치부했었다고

치매'란 자신뿐만 아니고
가족 타인 삶을 위협하는
'기억력'저하부터 증상 없이 시작한다

초기엔 단기적 기억부터 망각
중기엔 사물 이름 단어 상실
말기엔 기억 상실 얼굴 표정도 사라져

경험했던 일 자체를 잊으면 '치매'
잊었다 다시 떠오르면 '건망증'
15년 동안 증상 없이 진행 5년 후 발병

20년의 긴 잠복기를 거치고
'불안 우울 신경과민'으로 유발
자신과 가족 이웃의 삶을 파괴하는 악마다

붉은 낙조의 눈물

검게 타버린 가슴
한 많은 그 사연
들어주고 알아줄 사람 그 누가 있을꼬

바람이 쓸고 간 양지
사리사리 엮은 사연
가슴속 묻고 가야 할 아린 슬픈 얘기

마지막 석양 태우는 불꽃
서산 넘어 떨어지는 낙조
내일 다시 솟는 태양에게 다 맡기리다

모든 것은 아쉬울 때 맛나고
남 일이 즐기기 더 재미있다
싸움 구경 불구경이 입맛 당기는 재미로고

떨어져 가는 석양의
붉은 낙조의 눈물은
항해 마친 유람선같이 고독사'란 것이다

숨 멈추고 싶은 노친

혼자 외로운 황혼의 나그네
'고립'의 고독이 넘 두렵다
대화 상대가 목말라서 갈증에 우는 고독한 노인네들

나이 듦에 비례하여
사랑했던 사람들도
하나둘씩 떠나가고
곁에 사람 없어 입 닫고 홀로 하루하루 힘겹게 산다

곁을 지켜주던 다정했던 사람들
작별 인사도 없이 천성으로 가고
홀로 살아있는 게 고역이네 하루 빨리 숨 멈추고 싶다

벌과 나비

팔랑팔랑 나비처럼 날아와서
벌처럼 톡 쏘고 날아간 사랑
하룻밤 풋사랑이 족쇄가 되어 창살 없는 감옥에서 살았다

마음 깨끗하게 다 비우니
마음은 편안하고 즐거워
탐심 버리니 두려울 것도 부러울 것도 겁날 것도 하나 없다

욕심은 더 큰 욕심을 부르고
거짓은 화를 부르는 화수분
악의 근원인 탐심을 버려야만 즐겁고 건강하게 천수를 누려

욕심부림 없이 현재에 만족하고
남과 비교하여 부러워하지 말고
항상 겸손하고 감사하는 마음으로 살면 그게 행복이고 천국

이른 새벽 산행길

살을 에이는 유례가 없는 혹한에
힘겨워 검은 연기 토해내는 철마
하얀 입김 숨 몰아쉬며 비탈길 오르는 이른 새벽 산행인

푹푹 내려 쌓인 눈 주검
강추위에 꽁꽁 얼어붙은
빙판길을 오솔길을 조심조심 오르고 내려오는 늙은이들

왕방울 만한 크게 뜬 두 눈에
지팡이 두 개 짚고 조심조심
발자국 옮길 때마다 '아이 쟁' 소리가 박자를 맞춰준다

옷 다 벗어버린 나뭇가지엔
소복소복 함박눈 쌓여있고
송죽도 강추위에 얼어붙어서 눈옷 얼어 입고 입 앙물고

앙상한 나뭇가지에 앉은
박새는 꼬리 짓 해가면서
먹이를 찾아 독수리처럼 사방으로 눈을 굴리기 참 바쁘다

음문陰門

음문은 화火의 근원
음문은 죄악의 씨앗
음문은 남자를 잡아가는 허가 난 지옥문

가쁨과 환락을 주고
파멸과 좌절의 산실
세상을 천국과 지옥으로 양분하는 관문

인간들 출생의 출구
죄악 유혹하는 입구
천사와 악마를 양산하는 건물 없는 공장

여자의 무기는 눈물
마지막 무기는 음문
잘 쓰면 신약 잘못 쓰면 해독제 없는 독약

독버섯이 더 아름답듯
선행하면 행복의 문
악행 하면 파멸과 죽음을 부르는 지옥문

생사를 판정하는 문
남자들의 생지옥 문
영웅과 바보를 판별하는 염라대왕의 심판문

괜히 그냥

눈길 따라서 마음은 가고
마음 따라서 몸도 따라가
귀는 눈보다 모든 것에 대해 정확하지 못하다

그냥 좋은 사람
괜히 싫은 사람
생면부지인데 눈길 따라 괜히 마음이 간다

누구나 다 좋아하는 사람은
자비롭고 친절 상냥한 여자
교만하고 비겁하며 잘난 척하는 사람 다 싫어해

아가 눈꽃

붉게 멍든 동백 꽃잎에도
꽃망울 맺는 수선화에도
겨울 남새밭에도 초가지붕 위에도 나리는 아가 눈꽃

세상 때 묻지 않은 마음
맑고 밝은 순백의 눈꽃
다른 존재 입장 생각 처지를
이해하는 마음은 태산처럼 높고
너른 바다 파란 하늘같이 높고 숭고한 큰 사랑이여

내리는 곳 가림 없이
내리며 녹는 물 위
닿자마자 검은 눈물 흘리며 사라지는 땅에도 내린다

내외內外

굴렁쇠 굴리던 코흘리개 빡빡이도
고무줄 넘던 단발머리 계집애들도
가는 세월 잡을 수 없어 추한 할망구 되어 어디서 살까

마을 앞 시냇가 발가벗고 멱 감고
물고기 고무신에 담던 불알친구들
나이 들어 내외하며 미음으로만 그리워하던 소꿉친구들

세월이 할 일 없이 앗아간 청춘
얼굴엔 검버섯 깊은 골 주름살
경쟁하듯이 달려간 하늘나라는 그리도 좋아 앞서 갔느냐

어렸을 땐 어정쩡 무덤덤하더니
청소년기엔 모른 척 내외하다가
청년 되어 서로가 가까워지려고 미음 조리고 가슴만 태웠지

원초적 본능인 성적 해결을 위하여
짝을 찾아 헤매다가 결혼을 하고는
아비 어미 되어 지지고 볶다가 황혼 지나 본향 찾아가네

숫눈

눈이 눈에서 녹고
녹은 물이 눈물로
볼을 타고 주르르 주르르 자꾸 흘러내립니다

눈이 내려 쌓인 이른 새벽
맨 처음 찾아 나선 오솔길
숫눈에 발자국 도장 찍어가며 아이 된 마음

햇살이 내리 쬐이면
검은 눈물 흘려가며
사라져 갈 순백의 숫눈 널 생각하면 가슴 저며...

인간관계 人間關係

나이 들어가면서
원초적 본능 따라
성적 욕구 해결을 위해 이성을 그리워하고 남녀관계가 이뤄진다.

생명을 가진 동식물들 서로가
성적 욕구가 해결되고 나면은
무덤덤해지지만 인간들은 정복하고 독점하려는 아주 특별한 동물

남의 잘잘못 따지면서
본인의 잘못은 모른다
완고한 어른들의 대기 피해 보는 후대들의 피해는 누가 보상해

같이 살기 위해서는
같이 자고 함께 먹고
같이 기뻐하고 함께 슬퍼해야 같은 곳을 바라보며 같이 생각한다

같은 생각을 해가면서
함께 사는 것이 행복
서로가 양보하고 이해하며 용서하고 품어주는 따뜻한 사랑이 행복

화전花煎놀이

봄에는 씨 뿌리고
여름엔 가꾸어서
가을엔 추수하고
겨울엔 맛나게 냠냠 즐겁고 행복한 나날

봄에는 화전놀이
여름엔 수박화채
가을엔 단풍 구경
하얀 겨울엔 설국열차 타고 상고대 눈 구경

봄엔 냉이 달래로 입맛 찾고
여름엔 열무김치 꽁보리밥
가을엔 방방곡곡 맛집 순례
겨울엔 밤 구워 심심풀이 군것질로 입 즐겁게

굴렁쇠는 돈다

88올림픽 개회식장에서
굴렁쇠 돌리던 빡빡이
고무줄 넘던 단발머리야

시간도 세월은 못 잡고
지지고 볶다 인생 낭비
좋은 날 다 가고 회한만

열정과 사랑 미움 원망
추억 속에 묻어두고서
석양에 지는 낙조 되었다

등 굽은 할미꽃 할매도
지팡이 사형인 할배도
그날 그리워 눈물이 글썽

되돌아갈 수 없는 슬픈 꿈
그때 그 시절 행복은 헛꿈
세월에 치여 막차 탈 신세

덧없는 하 세월 속에서
무심한 세월만 가는데
부질없는 인생 허망할 뿐이다

누런 배 한 덩이

아예 생각지도 않았었는데
제자가 보내준 배 한 덩이
내 마음을 파도처럼 마구마구 흔들어 놓았다

올해 첫 수확물이라서
은사님께 보낸다는 말
나는 제자 사랑에 훨씬 모자라 부끄럽다

팍팍한 삶 살다 보면
잊고 사는 게 보통 삶
그것이 자연스러운 '사제지간' 인지상정

새록새록 돋아나는 추억
배 한 덩이가 불러온다
잊고 산 긴 세월 잔디 움트듯이 터온다

서로가 잊지 않고
간직한 마음들이
'사제지간'의 끈끈한 '정'이라 말들 하지만

나이가 들어갈수록 하나둘
사랑했던 사람들 떠나가고
인심 각박 정 메말라 사랑도 변색하는 세상인데

제자야 고맙고 사랑한다
네 생각 해가면서 아껴서
맛나게 먹으마 '사랑한다' 고맙고 아껴가며 먹으마

2. 저녁놀

진짜 애국자

당신의 눈길이 멈추고
당신의 몸이 멈춘 곳
그곳에는 과연 무엇이 기다리고 있을까

그대의 시선이 멈추고
그대의 육신이 머문 곳
불의를 정의로 거짓을 진실로
비겁함을 용감함으로 바꾸는 자의 역사

군대에선 졸병들이
농부 어부 광부가
더 없을 진짜 애국자 진짜 진짜 애국자

사나이로 태어나서
한번 죽지 두 번 죽어
나라에 충성하고 부모에 효도하며
나라 위해 초개같이 목숨 바치는 게 애국자

사랑도 한번
죽음도 한번
짧고 굵게 사나이 한평생 멋지게 살다 가자

종말終末의 삶

나라는 바람 앞에 촛불
일촉즉발의 외줄 타기
사랑도 팔고 사는 세상
꼭 살을 섞어야만 깊은 관계인가 몰라

어둠이 걷히면 새벽은 오고
썰물이 밀려가면 밀물 오지
태어남은 죽음을 향한 여정
살아도 못살고 못살아도 사는 게 인생

시냇물엔 송사리 붕어 새뱅이
강에는 메기 뱀장어 조개가
바다엔 돌고래 상어 연어 살지
악취 나는 세상에는 넋 빠진 생들이 산다

소낙눈 쌓이던 날

뽀드둑 뽀드둑 눈 밟히는 그 소리
우지직 뿌지직 눈 얼음 밟는 소리
빙판길 얼음 알갱이들 미끄러지는 소리

푹푹 쌓인 눈길에
발목까지 빠지는데
바람이 몰아치는 소낙눈에 눈뜰 수가 없네

산비탈 빙판길은
밟으면 미끄러져
엉덩방아는 살짝 애교라 벌떡 일어나 툭툭

양볼은 붉게 물들어가고
귀뿌리 손끝 시려 와도
몸에선 뜨거운 김이 솔솔 땀이나는 산행길

눈 쌓인 어름 빙판길
하산길은 가벼움구나
하루를 살아도 건강한 체력 길러 즐겁게 살자

우리 같이 함께 달리자

우리 손 잡고 함께 달리자
우리 발맞춰 같이 달리자
우리 같이 함께 호흡 맞춰 달려나가자

게으름 떨쳐내고 빨리 달리자
부단히 개혁하고 전진합시다
불편함 끊임없이 개혁해가며
개인 득실 아닌 모두를 위해
우리 같이 함께 달려갑시다

우리 같이 함께 손잡고
우리 같이 함께 발맞춰
저 푸른 낙원을 향하여 달려갑시다

오직 국가와 국민만을 위하여
삼권분립 존중해가며 당당히
세계에 길이 빛날 조국을 위하여 가자
단하나 국가와 국민의 번영을 위하여
사리사욕 버리고 당리당락 버리고 가세

천성 가는 길

어제는
찌푸린 검은 하늘 구름
슬퍼서 눈물 흘리더니

오늘은
화안한 해님 얼굴
함박웃음 아름답다

그믐달 어두운 우리 인생
영롱한 아침이슬 되어
햇살 기뻐 천성 길 달려간다

내 마음

나 표현 못해도
나 고백 못해도
나 알지 못해도
나 닿지 않아도

사랑이 얼마나 아름다운지
삶이 얼마나 괴롭고 아픈지
베풂이 얼마나 기쁜 것인지
나눔이 얼마나 행복한지를
죽음이 얼마나 축복인지를

나 기뻐 표현하리라
나 기뻐 고백하리라
나 기뻐 알아 가리라
나 기뻐 닮아 가리라

모두가 내 탓

시냇가 징검다리에 앉아서
먹이 질 바쁜 쌍 청둥오리
외톨이 백로가 외로워 보여 멍하니 바라다보고 있다

쌍쌍 청둥오리들은 살살
부리를 맞대고 사랑놀이
홀로 쓸쓸한 백로의 슬퍼 보이는 모습이 날 닮았다

말고도 푸른 하늘에
먼지 싹 씻어내 준
비 님께 엎드려 절하며 감사 또 감사 할렐루야 아멘

하늘 같은 부모님 은덕은
낳아 먹이고 길러 주심
스승의 은혜는 사람 되게 가르쳐 주신 은덕이라 존경

세상의 인정 각박함도
혼탁해 막가는 세상도
모두가 내 탓인 걸 누굴 원망하고 누굴 탓하랴 하늘아

마지막 슬픈 몸짓

바람마저 후덥지근할 때면
살갗에 닿는 살인 온도는
세상이 하 수상하니 계절도 길을 잃고 허둥댄다

세상은 소나기 끝처럼 멀겋고
빛나는 것도 또렷한 것도 아닌
생기란 걸 몽땅 잃고서 처량하게 우두커니 서있다

밤도 낮도 아닌 흐리멍덩한 회색 같은 세상
간교하고 사악한 인간들이 펼치는 광란 춤판
코로나에 밀려 엉망진창 일방통행 벼락 맞은 도야지 떼

정신 혼미해서 멍한 호수 닮은 꼬락서니 바라보니
'하늘, 호수, 갈대며 거기 노는 물새' 모두 죽을 상象에
어쩌면 천기를 어겨 두려워하는 애달픈 마지막 몸짓이다

걸을 수 있을 때 만나요

얼굴 한 번 더 봐요
걸을 수 있을 때에
더 늦기 전에 만나요 인생은 지나가는 바람입니다

떠나고 나면 그뿐
뒤늦게 후회해 봐도
붙잡을 수도 되돌릴 수도 없는 게 지나간 날들이고

흘러간 물도
지나간 버스
흘러간 구름이고 가버린 바람일 뿐 돌아오지 않아

피 한 종발이라도
남아있어 걸을 때
한 번이라도 더 만나 하는 행동 특별한 말은 없어도

재고 따지다 보면
기회는 오지 않아
후회할 때는 이미 늦었어 작별 인사도 못 하고 갈겨

엇간 사랑

외간 남자 품에 안겨
다리 쫙 벌린 여자가
화를 내가면서 잘했다 소리치는 묘한 그 모습

구름인 양 떠 보내줘
물처럼 흘려보내 줘
깨어진 바가진 다시 고쳐 쓸 수가 없잖아요

혼자 타는 가슴
못 끄는 불길은
어렵게 꺼봐도 타다남은 희나리 조각들뿐이네

'남의 속도 모르고'
마지막 남기고 간
그 한마디가 사랑했다는 걸 너무 늦게 알았다

이제 서야 돌아보니
물도 내 안 같아야만
달도 없는 어두운 밤길 눈물 없이 울어 나 보지

엄마 호박죽

늙은 누렁이 호박이랑
호박고구마의 환상궁합
간편 조리 영양 풍부한
엄마의 호박죽 탄생하다

소금 조금 넣은 천연단맛
찹쌀가루 막 빚은 옹심이
엄마 손맛과 사랑 한가득
엄마야 누나야 죽 쒀먹자

힘겨운 고통뿐인 세상살이
지친 몸과 얼룩져 찌든 맘
활력과 생기를 북돋아 주고
화를 풀어주는 사랑 호박죽

눈물이 난다

벌은 꿀을 따가면서도
꽃가루받이를 해주고
서로가 상부상조하며 살아도 꽃은 해하지 않는다

새는 열매는 먹지만
씨앗을 옮겨 주고요
잎이 다칠세라 조심조심해 가면서 행동을 하지요

하늘이 노하고
땅이 흔들려
국론은 분열되고 삶은 갈수록 팍팍해져 세상 끝이다

웃고 있어도
눈물이 난다
먹어도 먹어도 마음 고프고 너무너무 외로워 힘들고

뉘라서 내 맘 알리요
쾌락에 미쳐서 사니
하늘이 동전만 하게 뱅뱅 뱅 돌고 땅이 한숨을 쉰다

철 좀 들어

내 인생에 우연히 자꾸만
하얀 파도가 밀려 오던 날
하얀 갈매기가 날아 오던 날

기다림이 무언지
사랑이 무엇인지
아주 늦게 조금 알았습니다

까치가 까치발로 뛰던 날
허제비 눈물 흘림을 알고
사랑이 아픔이란 걸 알았네요

사랑이 떠나는 소리
인생 무너지는 소리
공든 탑 무너지고 모래성 되고

세월 따라 사랑 떠나간 골목
꽃은 피고 지고 다시 피지만
이대로 조용히 살다가 떠날래요

가을 사랑

벌레 먹고
땅바닥 떨어져
마구 뒹구는 꽃송이 하나 어쩌냐

설익고
한쪽이 떨어져 나가고
깨지고 상처뿐인 너 어쩌다가 넌

하늘의 뜻 점지 받아
아무 탈 하나 없이
아름답고 곱게 자라 성인 된 너는

미스코리아 진을 먹고
세계 미인대회 퀸 상감
영광의 자리 가진 못했어도 그대는 짱

벌레 먹어 떨어져도
땅에 나뒹구는 너도
깨지고 상처 있어도 내겐 네가 최고다

가을 가을은
결실의 계절
너와 나 우리 사랑의 결실 눈앞에 펼치자

내 사랑 '삐약이'

낮엔 여풍 한증막
밤엔 초열대야네
그래도 생각나는 사람 내 '삐약이 선생님'

좋아해, 사랑한다 말 못 하고
이심전심으로 마음의 문 열려
눈빛과 맘으로만 사랑했던 유일한 여자

'남의 속도 모르고' 란
말 한마디 남겨놓고서
멀리멀리 영영 떠나간 나만의 사랑 '진희'

용기 없어 말 못 하고
단 한 번의 입맞춤이
망설이다가 가버린 내 사랑 인생 저물었다

해 뜨면 낮이고
달 뜨면 밤이라
'사랑한다' 말도 못 하고 낭비한 인생 팔순

긴 세월이 흐른 오늘도
'잊었다' 생각했었는데
불쑥불쑥 튀어나오는 넌 늘 같이 살아왔구나

황혼의 길목

소낙비에도 젖지 않는
봉긋한 저 풋 가슴도
열대야를 건너온 당당한 기다림이다

올려다보는 지친 눈빛
기다림이 닳아 오르면
잊고 싶어도 몸이 기억하는 이 그리움

이고 진 번뇌의 하늘
아픈 침묵으로 품고
땡볕에 하얗게 타는 설음 검은 재만 남았다

인고의 세월 속에
날려버린 내 영혼
이제는 가야 할 황혼 길목 저녁노을만 탄다

행님 생각

오늘도 또
가랑비가
가슴속에 쓸쓸하게 흘러내립니다 온종일

기억 속 묻힐
숱한 사연들이
스물스물 고개 들고 일어섭니다

고마웠던 일
서운했던 일
기뻤고 슬펐던 하 많은 사연들

하나씩 하나씩
키 재기하자고
가슴을 한도 없이 아프게 헤집네

누구랑 소주 한잔
마음 다독여주는
말씀에 눈물 울컥 각박한 속세 사나운 인심

이열치열以熱治熱 (2)

으실으실 추울 땐
냉면을 먹고 찜통더위 때는 보신탕을 들지
수박화채에 곁들여서 소머리국밥 한 그릇

험난 모진 세상
물처럼 여유를
넓은 마음 높은 마음으로 난세를 이겨내자

지나간 추억들과
알 수 없는 미래
결혼한다면 어떤 2세 나올지 참 궁금하다

이별을 앞둔
초 가을날 하루
마지막 노래로 이별 인살 대신하는 매미 노래

사람답게 늙고
사람답게 살다
사람답게 아름다운 이별은 멋지게 끝내야

뜨거운 고드름

있음이 있기 전 없음과
없음에 있기 전 없음은
무한한 가능성 공간의 무무대가 아닐까 몰라도 좋다

영하의 추위에만 나타나는
고드름의 칼처럼 얼지라도
속은 뜨거운 용암처럼 환희로 영영 들끓길 소망한다

초가지붕 처마 끝에 대롱대롱
우후죽순처럼 매달린 고드름은
칼이 빼곡한 생지옥처럼 물구나무를 서야만 보인단다

사람이 죽으면 49일 재판 중
가장 먼저 도착하는 재판당
그곳 이름은 '도산지옥'인데 꼭 고드름을 닮은 곳이다

날카롭게 하늘 높이 치솟은 빌딩 숲
언뜻 보면 도산지옥을 닮은
우리들은 제발 자비와 자애를 베풀며 즐겁게 살다 가면 안될까

* 무무대: 인왕산 둘레길에 있는 전망대
* 도산지옥: 불교에서 죽어 심판받으러 처음 도착하는 곳

3. 굴렁쇠

춤바람

여편네 봄바람에 가슴 설레
치마 고리 바람에 휘날린다
가슴은 울렁울렁 설레고 제멋대로 나댄다

코흘리개 입학시킨
새내기 어매들의
치맛바람은 참교육에 암적 존재 척결 대상

머린 텅 빈 녹슨 깡통에
엉덩이에 뿔 나서 설쳐
세상 물정 모르고 춤바람에 가정 풍지박살

가정은 파괴된 폐허로
상처 입은 가족 희생
넋이 나간 정신병자 새내기가 다 망쳤구나

철없는 여편네 일탈로
자식새끼 멍든 가슴은
검게 멍들고 뒤늦게 후회해도 때는 늦었다

보정補正의 요술妖術

간만에 거울 앞에 서본다
거울 속에 서 있는 사람
웬 늙은이가 한참 낯설다

남들 다 간다기에
따라나서서 갔다
영정사진 촬영하러 갔었다

어색하고 멋쩍다
애써 참고 한 숨
사진사 명령 따라 순한 양 되네

며칠이 지난 후에
사진 찾으러 갔다
편치 않은 맘 도살장 가듯 갔다

이런 젊은 때도 있었나
입이 다물어지지 않는다
지적이고 멋진 미남이 미소짓네

눈을 씻고 다시 봐도
나인 건 분명한데
보정이랑 요술로 젊은 날로 회귀다

바람개비

약 올리는 심술쟁이 바람
기분 좋으면 잘 돌려주고
심술이 나면 돌려주다 말고 약 올리는 모를 사람은 너

신나게 돌려주다가도
갑자기 변덕 심술로
약만 올려가며 곁에서 맴만 돌다가 비껴 지나간다

바람이 쉴 때면
바람개비 쉬고
티격태격 하면서도 돌려주고 달래주는 착하고 고마운 바람

바람개비 신나게 돌아갈 땐
높고 푸른 하늘 구름 돌고
땅이 뱅글뱅글 나무도 풀도 돌고 나도 개비 따라 돌고 있다

상상임신想像姙娠

임신은 신의 영역
삼신 할매의 선물
우리 조상들의 아주 오랜 샤머니즘

신성한 권리이자 의무
왕실 여인네들의 암투
임신과 출산은 입신양명의 발판

여인들의 간절한 소망
애절한 바램 꿈 희망
아들 생산 못 하면 칠거지악의 죄

얼마나 간절한 바람이면
상상임신까지 하는 여인
하늘도 삼신 할매도 참 매정했구나

여자로 태어나서는
임신 한번 못하고
자식 하나 못 낳는 박복한 여인네 한恨

꽃상여

이승에서 저승으로 갈 때
마지막 타는 게 꽃상여다
지금은 '영구차'가 대신하고 있는 현실

아스라이 멀어진 기억 속에
그 귀신 집인 '상여집'도
박물관에서나 볼 수 있는 골동품이지

아주 어렸을 그때엔
죽어야만 탈 수 있는
마지막 호사인 '꽃상여' 딸랑이는 종소리

죽은 영혼이 남아서인가
상여에 귀신이 붙어선가
동구 밖 '상여집'은 갈 수 없는 무서운 곳

우리 아버님은 60대쯤
어머님은 80대에서야
곡소리 들으시면서 아름다운 이별 하셨다

그것도 선택된 자만의 복
꽃상여 타고 떠날 수 있는
요즘은 '영구차'로 가 불 샤워 마치면은
한 줄기 연기로 영혼은 하늘로 떠나가고
육신은 한 줌 재로 호리병에 담겨 떠난다

순간의 쾌락 평생 후회

철모르던 젊은 날
재미로 불태웠던
한 번의 불장난이
평생의 족쇄가 되어서 발목을 잡는다

음악이 잔잔하게 흐르고
콧노래가 들려오던 꽃집
머잖아 찾아올 봄날처럼
부푼 꽃망울 터질 순간에
아름다운 꽃 피날 기다리는 부푼 가슴

멋진 즐거운 세상
누구나 '좋다'고
희망을 노래하던 꿈
순간의 쾌락이 평생 후회로 아프게 남았다

황혼 나그네

찾아갈 곳도 없고
기다리는 이 없네
오라는 곳도 반기는 사람도 없구나

좌우의 극한 대립 분노로
인생 살아봐도 별것 없고
금수저 흙수저 신세타령에
분노 허탈감 서늘함 따뜻함
모두 다 느껴봐야만 치유되는 상처

세상은 끝도 없이
어지럽게 널 뛰고
팍팍한 삶 각박해진 인심 막가는 세상

해 뉘엿뉘엿 지평선 넘고
굴뚝엔 저녁밥 짓는 연기
세월 따라 사랑 떠나간 강변 걷는 나그네

꽃 미소

파란 하늘 시원한 바람
원성천의 양안兩岸에는
노오란 병아리 개나리
연분홍 볼에 함박웃음 만개한 벚꽃 유혹

동네 벚꽃축제가 열리는 날이라
촉촉하게 물이 오른 예쁜 처녀
노랑 저고리 연분홍 치마가 날려
사알짝 보이는 하얀 종아리는 우윳빛

노랑 파랑 하얀 등불이 춤추고
조용히 흐르는 고운 선율 노래
만개한 개나리 벚꽃은 천상의 꽃
색색 옷의 사람들의 아름다운 인간 꽃 미소

삼승 오판

입만 벌렸다 하면
막말만 쏟아내는
더럽고도 추한 주댕이들

영육이 심난하여서
잠 못 이루는 깊은 밤
신의 가호가 있길

산행차 나선 산책로
싸락눈이 날 잡는다
눈에 눈 들어가 눈물 난다

웃고픈 입틀막까지
남산만 한 엉덩짝이
빙판에 벌러덩 누웠구나

심술쟁이 바람아
어 거지 이긴 쌈
삼승 오판 실패자로구나

베짱이의 눈물

줏대도 없이 어영부영
되는대로 살아온 너
내 그럴 줄 알았다 네 심보가 보여

진주를 키워 내는
진주 조개 같이
고통을 겪지 않으면 환희도 무덤덤

대가 없는 결과 없고
땀 진미 모르는 인간
베짱이 같은 삶 영육을 좀 먹는다

몽땅 벌레 먹이 되어
병들고 썩은 악취 진동
세상에 공짜 우연 없음 실감 나지

가인박명佳人薄命 자업자득自業自得
화무는 십일홍이요 권불십년이라
네 정녕 모르고 경거망동을 했다더냐

망백望百

꿈과 희망에 부풀어서
가슴 설레던 젊은 날
세월 따라 젊음이 가버린 길목

웃으며 기쁘게 만났다가
눈물 속 슬프게 헤어져
이제는 다시 못 올 남남 되었네

푸르게 싱싱했던 젊음 가고
어느새 단풍 들어 낙엽 지니
이젠 영원한 안식처 찾아갈 시간

아름다웠던 추억도
가슴 아픈 기억도
아스라이 멀어져간 그리움 됐네

다시는 돌아올 수 없는
머 언 먼 길 떠날 시간
북망산천 찾아서 떠나야 할 망백

부부夫婦

등 돌리면 남남
참고 살던 조선
그것은 호랑이 담배 먹던 시절 얘기

싱싱한 새것으로 만나서
아웅다웅 지지고 볶다가
낡은 헌것이 되어가는 슬픈 과정

세월이 야속하네
눈 감았다가 뜨니
백발에 주름 바가지 천성 갈 시간이네

몸 저서 누워 있어도
물 한 그릇 떠다 줄 이
등 긁어주고 파스 붙여줄 단 한 사람

서로가 미워라 해도
없으면 생각나는 이
웬수 웬수 하지만 무촌인 남편 아내요

애지중지 자식들도
성인 되면 떠나지만
좋으나 싫으나 죽어서도 옆자리는 부부뿐

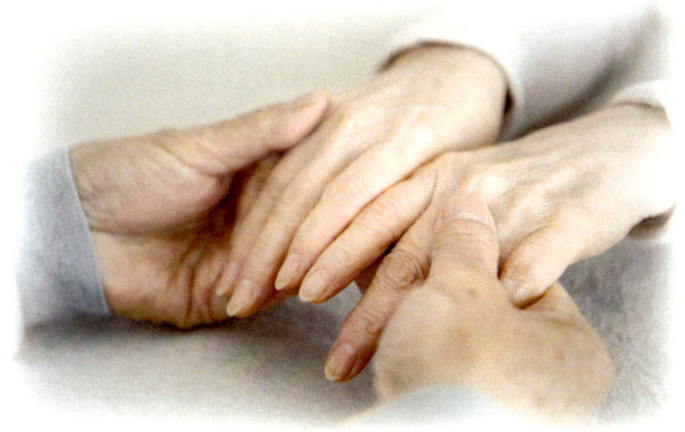

와불臥佛

겨울과 여름에 낀 봄 봄
너무 짧아서 더 아쉬워
이 봄이 가고 나면 내 나이는 84란 숫자를 단다

두 손을 모아서 합장하고
다소곳한 천사의 미소로
누워있는 부처남 와불의 인자한 자비를 바라본다

점잖게 앉아서 기도한다
십자가 그린 헌금통이다
묵언의 부처님 감정자극 헌금 강요하는 자칭 예수

차라리 검과 코란
'아되면 되게 하라'
마호메트의 솔직한 교세확장 이슬람교가 양심적이다

천사인 양 예쁜 미소 속
은근슬쩍 감성을 자극해
헌금에 시주 부추기는 영업적인 상술 그게 종교냐

헌금 시주 돈 없는 백수
땡전 한 푼 없는 자괴감에
가난뱅이 백수는 교회도 절도 못 가 차라리 '와불'되라

한恨 풀이

배고픔을 잊어보려고
못 배운 한을 갚고자
앞만 보고 달리노라 낭비한 게 얼마던가

못 입고 못 먹고
허리띠 졸라매며
겨우겨우 입에 풀칠 죽지 못해 산 세월

자식에겐 대물림 않으려고
어금니 악물고 키워줬었고
가르치고 취직시켜 짝지어놓으니 고려장

헌신짝처럼 걸 거 침 존재
한에 복수하려는 일념 때문
무관심하게 나 자신에겐 박해한 어리석음

덧없는 세월 속에
늙어간 애련 인생
남은 날 얼만진 몰라도 나만을 위해 살다 간다

환영幻影

세월도 욕심은 잡지 못하고
바람도 욕심은 지울 수 없네
욕심은 인간을 악마로 만드는 괴물

그 누구도 멈출 수 없는 시간
그 무엇도 잡을 수 없는 세월
모든 것들은 다 지나가고 사라진다

바위는 모래가 되고
사람은 낳고 죽어가며 역사는 이어가

바람은 지나가고
사람은 사라진다
세월은 저만치 앞서가는 바람이어라

사랑은 잠시 환각 상태
이별은 슬픈 현실이고
환영 잡고 웃고 우는 어리석은 인간들

반정反正

왕정 시대에서도
성공하면 충신
실패하면 역적 3족 9대를 멸했었다

나라의 주인은 백성이고
모든 권력은 국민에서 나온다
헌법과 법률은 힘있는 자의 도구다

범법자들이 모여서
불의와 비리로 뭉쳐
숫자로 힘으로 점령군 행세하는 나라

입으로는 선진국
현실은 후진국에
국민들 수준은 후진국 중 후진국 첫째

당신은 어느 쪽
결자해지 해야지
역적 아니면 충신 중 어느 길을 갈 거

정신 차려 챙겨라
생사의 갈림길에
선택이 당신을 살리고 죽이는 잣대가 될 겨

꽃 잔치

내 삶을 닮은 저녁노을
하얀 그리움의 파편들
오늘도 나는 아름다운 이별을 준비한다

이별의 노래가 구슬픈 항구
뱃전에 부딪히는 하얀 파도
이별이 아쉬워 따라오는 하얀 물새

겨울을 이겨낸 아름다운 봄꽃
부푼 꽃망울도 터지기 전에
화마가 삼켜버려 꽃 잔치도 못 연다

한해 농사 시작인
씨앗 뿌리기도
한해의 즐거운 꽃 잔치도 물 건너갔네

닭 잡아먹고서
오리발 내미는
염치 체면도 모르는 화마가 너무 밉구나

추암산

승천 천이 용트림하고
독립기념관 서쪽 담당
가슴팍 드러낸 돌산 '사기배' 전설을 담고 있는 영산

뼈만 앙상하게 드러낸 석산
이무기 승천했었다는 냇물
머리에 이고 있는 풀밭을 감춘 신령한 명산 추암산

피 끓어 열정 넘쳐나는
젊은이들의 정신 수련장
지금은 가슴에 터널 뚫려 밤낮없이 차들이 지나는 곳

서로는 추암산 북엔 흑성산
한가운데 '독립기념관' 좌정
하 많은 방문객이 조국의 역사를 알아 발전을 도모한다

영원히 이어나갈 민족혼
신령한 성산의 정기 받아
하늘의 옥황상제 바다 용왕 보호하사 영원히 빛날 대한민국

*추암산 : 충남 천안시 목천읍 신계리에 있는 돌산

봄의 정령精靈

죽을 만큼 외로워도
못살게 그리워도
잊어야 산다고 다짐했는데도
자꾸만 또 자꾸만 정령이 요동을 치네

꽃은 시들어 떨어져도 꽃
사람은 늙어 죽어도 좋다
모든 것은 영원한 윤회를 반복
해서 역사는 이어지고 지구는 돈다

세상은 폭풍전야 적막강산
길을 잃고 방황하는 계절도
어중이떠중이 모여 앉아서
제 잘난 멋에 산다고 박장대소 윤슬아

하늘에선 흰 구름 쇼
물속엔 물고기들 쇼
땅에선 벚꽃 매화 목련
개나리 진달래꽃 쌩 쇼 바람이 났구려

벚꽃축제

오늘은 우리 동네에서
열리는 벚꽃축제일
파란 하늘 아래 하얀 햇살과
수많은 인파가 북적거리는 즐거운 날이다

노오란 개나리는 앞줄에
연분홍 벚꽃은 뒷줄이다
바람이 심술부릴 때마다
뱅글뱅글 돌며 떨어지는 꽃 이파리는 꽃비다

어중이떠중이들 몰려나와서
웃고 떠들고 마시고 먹는다
반려견들도 한 몫을 거든다
잔치라고 뭘 보려고 다 뛰쳐나와 몸살 앓는지

시원한 바람에
꽃비는 내리고
어수선한 세상
팍팍한 일상 잠시라도 탈출 몸부림이 불쌍해...

맨 처음 생각나는 사람

해지는 어스름
저녁놀 낙조야
멍하니 바라다봐도 맨 처음 생각나는 사람

인생길 황혼 녘마다
불어오는 소슬바람
당신 누가 맨 처음 생각이 나나 말해 보세요

봄날 아지랑이 여름 무지개
가을 단풍 겨울 하얀 국화
인생 황혼의 붉은 낙조를 보면 생각나는 것은…

맛난 음식을 보았을 때
멋진 옥을 발견했을 때
맨 처음 생각나는 사람은 당신의 사랑입니다

나는 노포老鋪

생각 없이 하루를 살고
틈만 나면 멍을 때리고
어리둥절하게 세상을 보는 시대착오자

세상은 살아 움직이는 생물도
맛집 옆 구멍가게도 숨 쉬고
살아남다가 보면 문 안 닫고 각광 받기다

간판 없는 허름한 가게가
황혼의 노인네들 사랑방
단골손님 북적이는 유명 노포 되기도 하는 세상

*노포老鋪 : 대대로 물려내려오는 점포店鋪

하얀 파도

뱃전을 때리는 하얀 파도
갈매기 힘에 겨운 날갯짓
하늘은 파랗고 쪽빛 바다는 출렁인다

굽이쳐 밀려오는 파도는
달려오는 말발굽 닮았네
밀려와 하얗게 부서지는 파도의 애련

규칙적인 율동 춤추는 파도
돛단배 바람 타고 흐르는데
파란 하늘 시원한 바람 싱싱한 초목들

수시로 바뀌는 감정
꽃 피고 지는 아픔
우리들 삶도 죽음 향해가는 슬픈 여로

뱃전을 부여잡고서
가지 말라고 애원
젖먹던 힘 다하여 물새 날갯짓 애처롭다

황혼黃昏

젊음이 떠나간 황혼길
붉은 새벽 저녁의 놀
지평선 넘어가는 석양의 그 낙조 마음

희비애락의 인생 여로
오르막 내리막 자드락
비단길 가시밭길 고해 속을 헤매온 삶

예쁜 꽃들도 시들어지고
싱싱하던 잎 낙엽 지니
해넘이 해돋이에 하루가 한 해는 간다

석양낙조 夕陽落照

하루일 마치고서
긴 그림자 끌며
서산 넘어가는 아름다운 해님

욕심은 다 버리고
나누고 베푸는 삶
자비롭고 따뜻한 마음 닮아라

가림 하나도 없이
아낌없이 나누고
나눔에 보람과 기쁨의 석양이여

어스름이 찾아오면
붉게 타는 저녁놀
인생 황혼길은 석양의 낙조였다

어둠이 짙을수록
햇빛 더욱 밝고
새벽 동 저녁 서 붉게 타는 하늘

목이 길어 슬픈 사슴
오지 않는 임 기다려
노루 꼬리만큼만 지워지는 그리움

산다는 것이

인생사 어렵다고 뉘 말했지
돌고 돌아가면 제 자리인걸
인생길 그 끝은 흙무덤인 것을 알면서도 모른 척

가파른 인생 고개 깊은 협곡
바람 부는 언덕에 홀로 서서
오지 않을 사람 기다리고 있는 넋 나간 멍 나그네

구름 위를 떠도는 바람의 눈
내 안에 웅크리고 있는 바람
흥분해 날뛰는 마음의 앙칼진 외침을 잠재워간다

어디선가 본듯한 미소 한 줌
햇살이 유난히 정겹던 날에
나 혼자 늘 상 꿈꾸었던 그리움은 노랑나비 같아라

아쉬움이 가슴을 할퀴고
하얀 밤 홀로 지새우며
누군가를 탓하고 원망해가며 구차한 인생 꾸려 가네

예쁘게 쪽진 머리 옥비녀
맵시 나게 눈부신 임이여
오늘도 임은 아니 오고 애타게 기다리는 맘 숱 땡이

바람에 나는 티끌

단 한 번 이 세상
왔다가 가는 인생
덧없는 것이 무상한 인생사

아기가 자라서
늙어가면 죽고
꽃도 피었다가 시들면 낙화

인생 희비애락
한순간의 춘몽
모두가 바람에 날리는 티끌

햇빛에 춤추는
먼지와 티끌도
어둠 속에서는 살 수 없다

사람이 만들어 놓은
재물과 권력 규칙에
평생 족쇄를 차고 노예로 살다가

올 때 그랬듯이
알몽뚱이 빈손
울며 왔다가 울며 가는 게 인생길

4. 낙조

겪어봐야 안다

실패 쓴맛이 성공의 참맛 스승
아파봐야 건강의 소중함을 안다
굶주려본 자만이 음식의 소중함을 알게 된다

추위에 떨어봐야 의복의 고마움을 알고
잠자리 없어 고생해 봐야 집 고마움 안다
자유를 빼앗겨봐야 자유의 귀함을 느끼듯이...

실연을 당해봐야 참사랑을 알고
외로워 봐야만 그리움 사랑 알아
'고립'돼 봐야 인간관계 소중함 배우게 된다

공산 치하에서 고통을 겪어야만
민주 자유의 귀함 알게 되는 법
입으로만 애국애족 몽땅 다 헛소리일 뿐이다

빈 수레가 소리 요란하고
빈 김치 항아리 잘 깨져
말 많은 사람 실속 없고 속 빈 강정 허수아비

거울 속 낯선 얼굴

눈 비비고 본 거울 속
잔잔한 주름살들이
눈꼬리에 매달려 몸부림을 치고 있다

수없이 오간 날들
이젠 주름진 얼굴
바라보고 선 먹먹해진 노을빛 섧다

눈을 감고 상상해 봐도
더더욱 가까워지는 건
그려진 얼굴 그대는 누구 어색하고 낯선 너

세월이 남기고 간 선물
깊게 골파인 못난 얼굴
야속하고 덧없다 세월아 너는 메마른 인정

고목은 화목으로나 써먹지
늙어빠진 반송장 무에 쓸꼬
밥이나 축내는 산송장 귀신도 안 데려가누나

천사들의 노래

나비처럼 날아서
벌처럼 쏘고
날벼락에 번개처럼 사라진다

피어야 아름다운 꽃
노래해야 귀여운 새
오솔길 따라 산책길엔 다람쥐

늘어선 키다리 나무 군단
나무 사이엔 햇살의 미소
땅딸이 풀꽃들 햇볕 목마름 해소

연초록 나뭇잎들
바람 타고 춤추고
풀벌레 합창 소리 아름다운 하모니

부지런히 일들 하는
숲속의 행복한 가족
오늘도 즐거운 하루 천사들 노랫소리

그때가 호시절

지나가는 세월만큼
내가 살아온 날들
추억들은 쌓여가고 난 늙어간다

희로애락 인생 여로
부귀영화 그렸더니
허공으로 날아간 일장춘몽이더라

절벽에 힘겹게 매달린
씨오쟁이 같은 가슴팍
풍성하던 젖무덤이 그리워진다

푸석푸석 퇴색한 피부
절구통 허리에 무다리
굽어 버린 팔자 다리 게걸음

벌 나비 날아들던
향긋한 살 내음
꽃다운 시절 가니 허망한 인생

물의 지심地心

낮은 곳으로 아래로만
가다 막히면 돌아가고
겸손하게 서두르지 않고 밑으로 아래로만 흘러

웅덩이 만나면 기다렸다가
채워지면 천천히 넘쳐가네
길이 없으면 길을 만들어서 흘러가는 여유

색깔도 냄새도 맛도 없고
담기는 그릇대로 모양도
낙타의 가슴처럼 포용하고 받아주는 너른 맘

보통 온도에선 물로
추울 때는 얼음으로
더울 땐 수증기로 하늘 유람을 하면서도 일해

목마른 생물에겐 생명수로
천수답 모 논엔 갈증 해소
누구에겐 수영장 누구에겐 목욕물도 되어준다

램프의 빛

규칙은 깨지라고 있고
법률은 지키라고 있다
윤리 도덕은 인간의 됨됨이를 알게 한다

나의 앞과 뒤에서
입을 벌리고 있는
모든 생물들의 연약한 시간의 깊은 심연

램프의 빛은
꺼질 때까지
그 불빛의 밝기를 절대로 잃지 않는다

모든 것들은 다 변형 변화하고
소멸하는 이유는 자연의 신비
다음 세대의 것들이 잇달아서 일어난다

모든 사람 눈에 보여야 신神
난 내 영혼을 본 적은 없지만
이성과 신을 따라 살다가 연기처럼 사라질 뿐

외로움의 상쇄

하고 싶은 일을 해가면서
시간에 쫓기지도 않으면
시간을 내 마음대로 조정하는 여유가 생긴다

읽고 싶은 책도 읽고
보고픈 드라마도 보고
사랑하는 사람에게 마음을 열고 표현하는 삶

사랑하는 마음 관심도
우리가 사용하는 만큼
미소 지어 기며 함께하는 것이 진짜 행복이다

과욕은 더 큰 외로움과
더 큰 불만 짜증의 원인
마음을 비우고 버려야만 새것을 채워 보관한다

넉넉하고 풍요로운 삶에
술 여자 재물 본능 해결
싫은 사람도 좋은 사람도 평안하고 자유롭고 즐겁다

내게 주는 교시 教示

아이들은 먹는 재미로 살고
젊은이는 꿈과 희망에 살고
노친네들 추억을 먹고 산다

아침은 기대와 희망으로
점심은 재충전 일하고서
저녁은 감사한 맘으로 자고

탐심은 비우고 버리고
자비와 겸손으로 살고
나누고 베푸는 하루하루

생각은 바르고 착하게
행동은 바르고 당당케
마음은 사랑의 천사표로

말은 곱고 아름답게
맘은 넓고 깊고 높게
삶은 손해 보듯 모자란 듯 살자

하루살이의 헛꿈

달래 냉이 내음 따라서 봄은 오고
붓끝에는 봄 향기가 모락모락 핀다
봄꽃을 사랑하고 싶다면 스스로 봄꽃이 되어라

연일 하이얀 눈꽃 날려 쌓이고
오늘도 눈은 쌓여 그리움 솟아
시꺼먼 속 숨기는 것들 깨끗하게 세탁했으면

독한 한파 넘치는 빙판길
바람만 옷깃 간질이는 데
외로움 그리움 뒤범벅되어
지친 몸과 영혼은 겹겹이 껴입어도 춥다 너무 춰

명민한 사람들 속에
미쳐 날뛰는 똥개들
지금도 광무廣舞냐 모두가 지나가는 하루살이인 걸

눈앞에 득실에 눈이 멀어
소탐대실 일삼는 이리 떼
하루살이같이 헛꿈 말고서
지구의 종말이 가까웠으니 회계하고 새 삶 살아라

몽당 빗자루

시들어 떨어진 장미
검붉게 멍든 동백꽃
바닷물 목욕 재개임 기다리는 해당화 설렘

새 빗자루 몽당 빗자루 될 때까지
시나브로 노루 꼬리만큼 길어지고
목이 길어 슬픈 사슴은 황혼 낙조 슬프다

외로움은 씹어 삼키고
그리움은 빨아 마시며
화무십일홍 권불십년 돌아보며 한숨짓는다

탐심일랑 깨끗하게 버리고
마음은 미련 없이 비워라
정욕 물욕 탐욕은 악의 근원 싹부터 자르라

꺾지 못할 꽃을 꺾으면
정복자의 희열은 최고조
천하를 다 얻은 듯이 으스대며 기고만장이다

현자는 절제하고 조심하지만
어리석은 자는 교만 비겁해
자기발등을 자기가 찍는 우를 범해 파멸한다

끝까지 살아남아

운명이 다하여 끝나는 날까지
피투성이가 된다 하여도 나는
끈질기게 살아남아서 성공하리
제 아비 닮아서 자식놈까지도
'생목숨 끊었다'는 말 듣기 싫어서라도

생목숨 끊을 용기와
냉철한 이성이라면
온몸이 다 부서지라
노력하면 억새 풀처럼
꺾이지 않고 이 악물고서 일어서리라

일곱 번 넘어지면
여덟 번 일어서고
거머리처럼 붙는 불운
내 생명 다할 때까지
목숨 걸고 싸워 이겨서 복수해 주리라

인생무상 人生無常

사람의 한평생이
돌아가면 그뿐인 것을
욕심만 과해서 아등바등 살아왔다

부귀영화가 무엇이기에
권불십년인 걸 붙잡고
아웅다웅 지지고 볶고 지나온 세월

사람들 왔다 간 자리 없고
바람 지나간 흔적조차 없네
모든 선 다 지나가고 영원불변은 없다

진정한 자유인

생활의 무게에 짓눌리고
고립과 불안감에 광난들
구원해 줄 누군가를 막연히 기다리며 광무廣舞 떼

현대인들이 누리는 무한 자유
언제나 자유인들에게는 책임도
불안과 고독이 거머리처럼 따라다니며 괴롭힌다

떼로 몰려다니는 미친 군중들
분노와 혼란을 부추길 때마다
정의롭게 홀로 설 수 있는 사람은 별로 많지 않다

독립적으로 생각하고
이성적으로 사고하는
자유인이 되기에는 너무너무 어려운 일 들이 많다

사람들은 충실한 일상과
사랑의 힘으로 살아가며
'군중 속의 고독' 존재의 허망에 맞서야 하는 게 현실

혼란한 시대의 광풍에 맞서서
억새 풀 같이 꺾이지 않는 자
그가 진정한 자유를 누릴 수 있는 '진정한 자유인'이다

기억記憶의 망각忘却

세월이 가면 잊힐 거라고
그건 거짓말 자기 위로야
기쁘면 기쁜 대로 슬프면 슬픈 대로 생각이 난다

무작정 못 말린 인정 사랑 풋정을
가슴을 저미는 배신의 쓰린 아픔
기억하기 싫어도 망각은 자꾸만 비켜 지나갑니다

바람 불고 눈비가 내리는 날이면
꾹꾹 누르고 숨겨두었던 분노에
한잔 술에 타서 마셔가며 참고 망각하려 애씁니다

시간이 가고 날이 흘러가
날들이 모여 세월이 가도
잊자고 하면 할수록 생생하게 되살아 나는 아픈 추억

잊고픈 기억들은 생생하게 되살아나고
붙잡아두고 싶은 기억들은 망각되어
보내주지도 못하고 가슴에 담고 바보처럼 살아갑니다

인생 역정

아파서 오히려 더 아름다운
식어버린 너와 나 찬 가슴
희미해진 우리들 사랑 퇴색한 그리움 첫사랑

수많은 날 들을 돌고 돌아서
팔순 지나서야 제자리 찾았네
외로워 보여도 혼자서 충분한
남은 날들을 나만의 사랑과 삶으로 엮어가리

철모르고 무작정 타버린 첫정
세월이 빼앗아간 젊음과 열정
지금은 어디서 어떻게 살다 언제 무엇 되어 만나랴

쌍쌍雙雙

꽃은 시들려고 피고
사람은 죽으려고 태어난다

아이가 자라서 어른이 되고
씨앗은 죽어야만 다시 또 산다

앞서가신 선조들
후세가 또 되짚어 따라서 가고

돌고 도는 사계절은
영원히 돌고 도는 불변의 윤회

만남이 있어 이별이 있고
이별이 있어 달콤한 사랑도 있다

검은 연미복을 입은 신사

남풍이 불어오는 새 봄이 오면은
황천에서 사자의 영혼을 신고서
저승을 건너서 검은 연미복을 입은 신사가 날아온다

산 넘고 물을 건너서
멀고 먼 길 찾아오며
흙 먹고 벌레 잡아먹었더니 입이 떫어 물로 양치다

예쁜 사랑 보금자리 집을 짓고
아들딸 낳아서 먹이고 기르며
밥 달라 입 벌리는 노랑 부리 새끼 보는 재미로 산다

잠깐잠깐 짬 날 때마다
집 앞 전선에 모여 앉아
반상회 열어놓고 세상이 삶이 사랑이 지지배배 수다다

사악한 인간들의 큰 욕심 탓에
박 씨 물어다 은혜 갚던 제비
어쩌다가 아기들 같이 만나기 힘든 세상에 살고 있는지

세상이 어지럽고 험하니
제비 보기도 힘든 세상
이젠 예쁜 아가들 점지하는 삼신 할매 되어 은혜 갚으시길...

아무도 아무 말도 믿지 마

누구나 사랑을 할 때면
귀 먹고 눈엔 콩깍지
예쁜 꽃 되고 반짝 별이 순한 양이 되는 법

세월 따라서 젊음은 가고
지지고 볶고 아웅다웅
좋은 날은 다 가고 외롭고 서러운 날만 남았네

하늘에 별도 따다 주고
공주님 모시듯 산다더니
그 웬수 나만 홀로 남겨두고 혼자만 떠나갔네

사랑은 거짓말 사기꾼이네
봄 아지랑이 여름 무지개
가을 단풍꽃 눈밭에 설국 티끌 먼지만도 못하고

태어난 날 달랐어도
한날한시 죽자더니
무에 그리 바쁜지 달랑 남겨놓고 저 혼자 갔네

장밋빛 사랑의 환상도
상처 난 이별의 아픔
천상천하 아무도 아무말도 절대로 믿지 마...

영원한 웬수 진희振姬야

너를 만나서 사랑을 알았고
너를 만나서 이별도 배웠다
다시는 돌아갈 순 없겠지만
너에게 꼭 한마디 남길 말은
'너만을 사랑 했노라'고 꼭 이 말 한마디뿐

사랑의 기쁨과 행복에
이별의 아픔과 슬픔은
다시는 이룰 순 없어도
너에게 꼭 한마디 말은
'너만을 사랑했었고 지금도 사랑하고 있다'고

해지는 산마루에 홀로 앉아서
같이 오르던 산과 걷던 호숫가
부르다가 내가 사라질 이름아
마지막 선물 '만년필'은 족쇄라
'너만을 사랑한다'고 흙이 되어서도 영원히...

흑백 사진의 미소

말없이 늘 바라다보고 있는
흑백 사진 속 사랑했던 임
오십 년을 한결같이 영혼의 동거동락

25시간을 항상 내 곁에서
착 붙어 자고 먹고 웃고
피와 영혼을 빨아들이는 늘 함박웃음

사진 속에서 환생해
우렁이 각시 닮았지
외로움 그리움 달래주는 내 님 사랑

한마디 말은 없어도
이심전심 눈길 묵언
착하게 부끄럼 없이 살다 오라 하네

살아생전 못다 한 사랑
아픔 없는 저 천국에서
우리 다시 못다 한 사랑 맘껏 태우세

잊어야 할 기억들

옷에서는 살냄새가 나고
냄새는 기억을 불러온다
소매 잡아당기듯이 일순에 살아나는 기억들

옛날의 감회가 남아있는 고향은
떠나온 지 오래라 연고도 없지만
사랑하는 사람들 모여 회포 풀고
명절이나 기념일에는 찾아와서는
지난 얘기로 회포를 풀던 자리들
혹시나 하는 마음에 찾아왔건만
낯선 얼굴들만 찬바람만 지나가서
실망만 한 아름 안고 쓸쓸히 돌아왔답니다

아버지께도 아버지가 계셨고
어머니께도 어머니가 계셨지
깜빡깜빡 잊고서 치매 환자처럼 살았답니다

여자가 되는 고통

인정사정도 없이
무섭게 들이대는
성난 절굿공이 뉘라서 막아 주랴

창과 방패의 한판
무참하게 찢겨서
헌 것 되는 음문陰門 여자가 되는 고통

우악스런 손짓 애무
여리디여린 젖무덤은
반항 한번 못 해보고 무너져 내리누나

99세의 청춘

불알 동무 친구들아
반쪽 먼저 보내주고
홀로 남아 고독을 즐기는 외로운 독거노인

빈농의 막내아들로
욕심 많던 빡빡이는
나름 앞만 보고 달렸는데
걸음 멈추고 돌아보니 남은 건 허공뿐이네

꿈과 희망을 성취하려고
피땀을 흘려가면서 용써
앞만 보고 달려온 한평생이 허무 허망이다

제대로 사랑 한번 못 해보고
살아온 삶이 고립된 노후네
칠색 무지개도 순간 가버려
있는 듯 없는 듯 죽은 듯 산 듯 남은 생 삶

꿈은 꿈일 뿐이고
꽃 지고 새 우니
이승이 저승인가 저승이 이승인가 헷갈리네

황혼의 낙조지만
미인 보면 회동해
꽃 보면 아름답고
여자 품고 싶은 마음은 언제나 이팔청춘

서럽게 고운 사연

남몰래 가슴 속에 묻고 산
서럽게 고운 그 사연들도
이제는 지우고 떠나게 보내 줘야 하나 보다

햇병아리 교사 시절
위험지구 순찰 중에
소나기 피하던 나무 밑 소주 한잔에 입맞춤

초대받아 간 그녀의 집은
어색하고 불안했던 기억
마시던 술 한잔에 행복했던 그날의 추억

전근 발령받은 날 밤
단둘이 마시던 술맛
얼큰한 기분에 그녀의 이별 선물은 '만년필'

일 년 후 뒤따라온 그녀
'남의 속도 모르면서...'
눈물을 뿌리면서 한마디 남기고 떠난 사람

독립기념관 인터뷰에서
나를 보고 주소도 없이
보내준 엽서 한 장 '서럽게 고운 사연' 못 잊어

봄소식

햇볕이 내린 못 둑 풀밭
냉이 달래 봄 쑥들의 향
파랗게 파랗게 피는 흥겨운 노랫소리

봄비 내리는 소리
갈증 푸는 생명수
오고 가는 짧은 봄날 즐거움이 즐겁다

웅크렸던 몸 기지개 켜면
버들강아지 실눈 뜨고
고개 내민 새싹들이 방긋방긋 웃고 있다

옛 고향 내 집

누군가 바뀐 주인
긴 세월 살더니만
고향 집 땅만 두고 간 곳 몰라라

부모 형제자매들
한 삶 영위하던
수많은 희로애락 숨겨진 그 터전

아무도 알 수 없는
내일은 다시 오고
매서운 바람 끝만이 살갗을 저미누나

내 본향 승천

맑고 푸르른 하늘 아래
둘이 손잡고 걷던 촌길
작은 새가 되어 노래 부르던 어린 날 그 추억 그립다

삘기 뽑고 산딸기 따며
소꼴 먹이던 본향 승천
배고프고 헐벗었어도 인정 아름답던 그때 생각나네

굽이굽이 꿈틀대는 시냇가
붕어 송사리 새뱅이 잡고
멱감고 물장구치던 빡빡이 불알친구들 어디 살고 있나

단발머리 지지배들의
고무줄놀이 방해 재미
심술부리는 장난 재미 아련한 기억 속의 별난 재밋거리

다정했던 이름들 홍복이 순자
지금은 망백望百 어디서 사나
망구 아니면 하늘나라 천사 다신 못 볼 사람들 보고 싶어라

*승천 : 독립기념관이 있는 충남 천안시 목천읍 신계리 옛 마을 이름

변신變身

배추벌레에선 아름다운 흰나비가
누에 에선 맛나는 번데기가 나와
악마가 천사 입음하고 변신하는 음흉한 인간 세상

정의와 야심 따라서 살면은
어리석은 바보가 되는 세상
비겁한 기회주의들 범법자들이 칼춤 추는 광무廣舞

범법자 매국노 사기꾼이 출세하고
숫자로 가진 힘으로 밀어붙이는 곳
국가는 병들고 국민은 바보같이 눈 뜨고도 당한다

언제 어느 날에 이 어둠 걷히고
밝은 태양이 이 어둠 밀어내고서
웃고 즐기며 건강하게 행복한 웃음 웃는 날 올까

어스름 달밤

바람처럼 시원하고
구름같이 자유롭게
청산에서 초목들처럼 자유롭게 살다가 가고파라

손에 손잡고서
들길 걸어가면
서쪽 하늘 붉은 놀 곱던 어스름 밤 추억 그립다

가을바람 솔솔 불어오면
과수원 길 걷던 그 소녀
빨간 사과 누런 배 같이 귀엽고 예쁜 너 생각나

메뚜기도 한철이라고
어부바 사랑 바쁜 논
나비 벌 잠자리도 가을을 노래하며 나는 계절

낙엽이 우수수 바람에 지고
석양 낙조 긴 꼬리 그림자는
갈 곳 없는 나그네 무거운 발길 석양을 걷는다

오색 들꽃들을 꺾어서
화관 만들어 씌우고
천사가 하강한 듯 예쁘던 그대 생각에 눈물이 난다

늙은이의 독백

설레임 뜨거운 첫 입맞춤
열정이 지나간 어느 순간
원망과 후회로 불신의 늪에 빠진 고해 속

세월이 저 혼자 달아난 먼 훗날
밭은 늙은이 기침 소리에
살아 있는 게 미안해서 남몰래 죽고만 싶다

저 멀리 앞산 어디쯤엔 가에다
한 줌 흙 덮고 한자리 세 들어
조용하게 누워있을 나이인데 주춤거리고 있다

노처녀 시집 안 간다고 말하듯이
귀신은 뭐하나 안 데려가고 콜록
매일 입에 달고 살면서 하는 말 모두가 거짓말

난 더는 욕심 없어
이대로도 만족 하다
이가 빠져 새어 나온 말 마음엔 없는 헛소리지

분해分解

향유처럼 달콤하고
공기처럼 부드러운
네 가슴에 안겨 잠들고 싶다

긴 겨울을 이겨내고
찾아온 봄 공기여라
내 폐 속으로 한줌 가득 마시리

내 숨통이 끊어지는 그 순간
나는 이승을 조용히 떠날 겨
육신은 땅으로 영혼은 하늘나라로

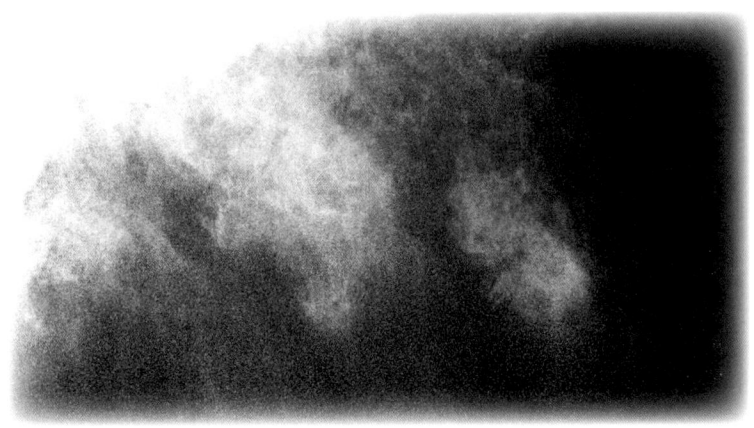

탁배기 찬가

마구 거른 술이라
막걸리란 술 동무
또 다른 이름은 '탁주' '농주' 서민들의 친구

곡식을 발효시켜 만든 후에
용수로 뜬 맑은 술은 '청주'
찌꺼기 많고 뿌옇고 탁한 건 막걸리라네요

가난한 사람들의 술은 '탁주'
농사일의 고단함을 달래주던
농부들의 친구 '농주'의 시큼 텁텁한 맛 일품

누군가는 친구와 즐기기 위해
누군가는 시름을 잊기 위하여
막걸리를 마시면서 마음을 달랬던 우리 친구들

누나 널 만들었더냐
막걸리야 막걸리야
한잔으로 천 가지 근심을 잊네 '연산조'의 말씀

좋은 사람과 만나서 한잔
근심 걱정 시름 내려놓고
막걸리 한잔에 즐거움은 예나 지금이나 무변無變

탁배기는 영원한 내 동무
살아오면서 수십 년 동안
그림자같이 함께 동고동락한 내 친구 사랑한다

정주情酒

형님을 만나고 싶은 건
술이 고파서가 아니라
정이 고파 정을 먹고파서 만나고 싶은 겁니다

배고프면 음식으로
외로우면 한잔 술로
그러나 정의 고픔은 맘나냐 먹을 수 있기 때문

정에 고파 보지 않으면 그 고통 모르고
외로워 보지 않은 사람 그 그리움 몰라
정에 굶주림 마음 외면 말고 선행을 베푸십시오

굴렁쇠

굴렁쇠는 둥구니
지구도 둥글구나
굴렁쇠도 지구도 둥그니 글러 흔적도 남김없이

쉼 없이 바람처럼
쉼 없이 구름처럼
쉼 없이 아래로 흘러가는 물처럼... 유연하게

태어났으니까
가다가 보면
종점인 죽음은 늘 거기서 기다리고 있을 거고

둥그니까 구른다
빡빡이가 굴리네
지구도 굴렁쇠도 쉼 없이 구를 겨 늘 상

둥그니 구른다
인생도 구르고
지구도 굴렁쇠도 구른다 어제도 오늘도 내일도

내 본향本鄕 승천

지금도 고향 뒷동산엔
진달래꽃 붉게 피고요
승천 냇가 변엔 개나리가 노랗게 피고 있나요

지금도 앞산엔 뻐꾸기 울고
모 논엔 뜸부기 노래하는지
삘기 뽑고 맛나게 따서 먹던 빨간 산딸기 있는지

소 꼴 먹이면서 달래 냉이 캐고
멱감고 송사리 잡던 여름 냇가
익는 벼 새 쫓고 덫 놓아 새 잡고 썰매 타던 시절

참외 수박 서리 짜릿한 쾌감
밥 훔쳐 비벼 먹던 악동들은
지금은 어디서 어떻게 사는지 만나 보고 싶어라

옹기종기 처마 맞댄 초가집 안보이고
정 주고받던 반가운 얼굴 보이지 않네
하늘을 찌를듯이 우중충한 아파트만 흉물스럽구나

　　승천 : 충남 천안시 목천읍 신계리 옛 이름